AF235965

Eschenbach

Vokabeltrainer Spanisch A1

Thomas Eschenbach

Vokabeltrainer Spanisch A1

Bibliografische Information der Deutschen
Nationalbibliothek: Die Deutsche
Nationalbibliothek verzeichnet diese Publikation
in der Deutschen Nationalbibliografie; detaillierte
bibliografische Daten sind im Internet über
www.dnb.de abrufbar.

© 2018 Thomas Eschenbach

Herstellung:
BoD – Books on Demand, Norderstedt

ISBN 978-3-7528-2215-1

Vorwort

Der Spanisch Vokabeltrainer A1 dient der einfachen Wiederholung von Vokabeln. Der Leser kann die wichtigsten Wörter der Niveaustufe A1 ohne viel Anstrengung erlernen. Einzelne wichtige Vokabeln werden im Buch vereinzelt auch wiederholt. Noch zu festigende Vokabeln brauchen nicht mühevoll nachgeschlagen werden. Sie können sich durch Ausschlussverfahren einzelne Vokabeln aneignen oder die Übersetzungen auf derselben Seite unten nachlesen. Ein Muster für die Zuordnung der einzelnen spanischen Wörter zu deren Übersetzungen finden Sie auf der ersten Seite.

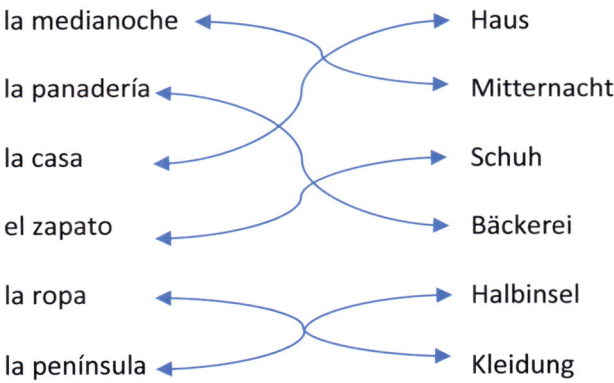

la medianoche	Haus
la panadería	Mitternacht
la casa	Schuh
el zapato	Bäckerei
la ropa	Halbinsel
la península	Kleidung

Lösung:

Mitternacht
Bäckerei
Haus
Schuh
Kleidung
Halbinsel

la jubilación	Geschäft
el impuesto	Steuer
la capacidad	Geduld
la paciencia	Ruhestand
la desaparición	Fähigkeit
el negocio	Verschwinden

Lösung:

el aeropuerto	Bett
bonito/a	Flughafen
similar	gut
la cama	schön
la camisa	Hemd
bueno/a	ähnlich

Lösung:

Flughafen
schön
ähnlich
Geschäft
Hemd
gut

la patata	Kartoffel
el sombrero	Kredit
grande	ausgezeichnet
la dirección	Adresse
el crédito	groß
excelente	Hut

Lösung:

la exposición	Seminar
el seminario	Schnauzbart
el oeste	Farbe
el bigote	Ausstellung
la panadería	Bäckerei
el color	Westen

Lösung:

Ausstellung
Seminar
Westen
Schnauzbart
Bäckerei
Farbe

el premio	Woche
la semana	Nacht
el país	Preis
el trabajo	Land
la noche	Sprache
el lenguaje	Arbeit

Lösung:

Preis
Woche
Land
Arbeit
Nacht
Sprache

salado/a	Leute
la casa	gesellig
largo/a	lang
el mes	salzig
la gente	Haus
sociable	Monat

Lösung:

salzig
Haus
lang
Monat
Leute
gesellig

corto	kurz
el regalo	ängstlich
soltero/a	ledig
la naranja	Geschenk
tímido	Orange
la palabra	Wort

Lösung:

kurz
Geschenk
ledig
Orange
ängstlich
Wort

la respuesta	Stadt
el libro	Park
la ciudad	Buch
la playa	Bahnhof
el parque	Strand
la estación	Antwort

Lösung:

Antwort
Buch
Stadt
Strand
Park
Bahnhof

el mercado	Brille
las gafas	Fernseher
el coche	Novelle
el televisor	Markt
la novela	Gewerbe
el comercio	Auto

Lösung:

Markt
Brille
Auto
Fernseher
Novelle
Gewerbe

la lectura	Gruppe
el grupo	Lesen
el proyecto	Bewohner
el verbo	Löffel
el habitante	Entwurf
la cuchara	Verb

Lösung:

Lesen
Gruppe
Entwurf
Verb
Bewohner
Löffel

el dinero	Öl
el vino	Zeit
el aceite	Geld
el tiempo	Wein
el agua	Schinken
el jamón	Wasser

Lösung:

Geld
Wein
Öl
Zeit
Wasser
Schinken

el tomate	Straße
la calle	Hose
el matrimonio	Klavier
el pantalón	Dusche
el piano	Ehe
la ducha	Tomate

Lösung:

Tomate
Straße
Ehe
Hose
Klavier
Dusche

la cosa	Bier
el zapato	Unterricht
la tarde	Ding
la cerveza	Schuh
el cine	Abend
la clase	Kino

Lösung:

Ding
Schuh
Abend
Bier
Kino
Unterricht

el cliente	Karte
la tarjeta	Reiseführer
la lavadora	Kunde
el nacimiento	Geburt
la guía	Aufnahme
la fotografía	Waschmaschine

Lösung:

la rutina	Brief
el juego	Spiel
la canción	Lied
la carta	Ausflug
la conferencia	Routine
la excursión	Ferngespräch

Lösung:

Routine
Spiel
Lied
Brief
Ferngespräch
Ausflug

el edificio	Rock
el continente	Endung
el tráfico	Verkehr
la falda	Gebäude
la ropa	Kleidung
la terminación	Kontinent

Lösung:

Gebäude
Kontinent
Verkehr
Rock
Kleidung
Endung

la crisis	Leidenschaft
la película	Stein
el premio	Filme
la pasión	Preis
el guión	Krise
la piedra	Drehbuch

Lösung:

la tierra	Höhe
la altura	Haar
el pelo	Bedeutung
la revista	Zeitschrift
el significado	Karte
la tarjeta	Erde

Lösung:

Erde
Höhe
Haar
Zeitschrift
Bedeutung
Karte

la botella	Meer
el diálogo	Flasche
el mar	Feuer
el semáforo	Ästhetik
el fuego	Dialog
la estética	Ampel

Lösung:

Flasche
Dialog
Meer
Ampel
Feuer
Ästhetik

la selva	Urwald
la nieve	Prospekt
la ducha	Dusche
el folleto	Schwimmbad
la flor	Schnee
la piscina	Blume

Lösung:

Urwald
Schnee
Dusche
Prospekt
Blume
Schwimmbad

el dato	Angabe
el estado civil	Küste
el secreto	Grenze
el colegio	Geheimnis
la frontera	Schule
la costa	Familienstand

Lösung:

Angabe
Familienstand
Geheimnis
Schule
Küste

la constitución	Weg
la ruta	Punkt
el punto	Kommentar
la instrucción	Anweisung
la página	Verfassung
el comentario	Seite

Lösung:

Verfassung
Weg
Punkt
Anweisung
Seite
Kommentar

el escaparate	Schaufenster
la diferencia	Unterschied
el festivo	Partner/in
la visita	Besichtigung
la pareja	Grund
el motivo	Feiertag

Lösung:

Schaufenster
Unterschied
Feiertag
Besichtigung
Partner/in
Grund

el ojo	Versicherung
el seguro	Auge
el vuelo	Frosch
la primavera	Flug
la rana	Frühjahr
el clásico	Klassiker

Lösung:

Auge
Versicherung
Flug
Frühjahr
Frosch
Klassiker

la suerte	Säule
la columna	Regenschauer
el medio de transporte	Glück
la feria	Messe
el transporte	Verkehrsmittel
el chubasco	Beförderung

Lösung:

Glück
Säule
Verkehrsmittel
Messe
Beförderung

el resto	Prüfung
la escala	Rest
la pintura	Notiz
el espectáculo	Maßstab
el examen	Malerei
la nota	Vorstellung

Lösung:

Rest
Maßstab
Malerei
Vorstellung
Prüfung
Notiz

la lámpara	Beschreibung
la descripción	Garten
el punto de encuentro	Treffpunkt
el aspecto físico	Gesellschaft
la sociedad	Lampe
el jardín	Aussehen

Lösung:

Lampe
Beschreibung
Treffpunkt
Aussehen
Gesellschaft
Garten

la ley	Zentrum
el centro	Mais
la aventura	Gesetz
el maíz	Abenteuer
el fin de semana	Möglichkeit
la posibilidad	Wochenende

Lösung:

Gesetz
Zentrum
Abenteuer
Mais
Wochenende
Möglichkeit

el frijol	Schlüssel
el corazón	Stau
la salida	Ausgang
la llave	Unfall
el atasco	Bohne
el accidente	Herz

Lösung:

Bohne
Herz
Ausgang
Schlüssel
Stau
Unfall

la tontería	Besprechung
la reunión	Schuhputzer
el cuestionario	Fragebogen
el limpiabotas	Umfrage
la encuesta	Werbung
la publicidad	Dummheit

Lösung:

Dummheit
Besprechung
Fragebogen
Schuhputzer
Umfrage
Werbung

la boda	Hochzeit
el perfume	Batterie
la pila	Tabak
la madre	Mutter
el sello	Briefmarke
el tabaco	Parfüm

Lösung:

la albóndiga	Kuss
la moda	Abendessen
la cena	Situation
el beso	Fleischklößchen
la situación	Mode
la montaña	Berg

Lösung:

Fleischklößchen
Mode
Abendessen
Kuss
Situation
Berg

el elefante	Zug
el tren	Meister
el cuadro	Tabelle
el periódico	Zeitung
las vacaciones	Elefant
el campeón	Urlaub

Lösung:

el congreso	Globalisierung
las ruinas	neu
la globalización	virtuell
nuevo/a	modern
moderno/a	Kongress
virtual	Ruinen

Lösung:

Kongress
Ruinen
Globalisierung
neu
modern
virtuell

la economía	Reisebüro
la perspectiva	Kneipe
la agencia de viajes	Wirtschaft
el ruido	Lärm
el bar	Handy
el móvil	Perspektive

Lösung:

Wirtschaft
Perspektive
Reisebüro
Lärm
Kneipe
Handy

el vídeo	Bindestrich
el guión	Kirche
el pueblo	Stress
la iglesia	Video
el estrés	Dorf
el sur	Süden

Lösung:

Video
Bindestrich
Dorf
Kirche
Stress
Süden

la parte	Teil
la naturaleza	Diktat
la península	Herkunft
el paseo	Spaziergang
el origen	Natur
el dictado	Halbinsel

Lösung:

Teil
Natur
Halbinsel
Spaziergang
Herkunft
Diktat

la bicicleta	Blick
la guitarra	Fahrrad
la cadena	Jugendliche
el concurso	Gitarre
el joven	Wettbewerb
la vista	Kette

Lösung:

Fahrrad
Gitarre
Kette
Wettbewerb
Jugendliche
Blick

el siglo	Aufgabe
la tarea	Luft
el éxito	Leben
el aire	Terrasse
la vida	Jahrhundert
la terraza	Erfolg

Lösung:

el suplemento	Zuschlag
la sorpresa	Erdbeere
el estilo	Stil
el informe	Überraschung
la fresa	Bericht
la niebla	Nebel

Lösung:

Zuschlag
Überraschung
Stil
Bericht
Erdbeere
Nebel

la medianoche	Wortschatz
el poema	Mitternacht
el vocabulario	Perle
la perla	Stiefel
el vestido	Kleid
la bota	Gedicht

Lösung:

el concierto	Brot
el pan	Wind
el saludo	Gruß
el limón	Einfluss
la influencia	Zitrone
el viento	Konzert

Lösung:

Konzert
Brot
Gruß
Zitrone
Einfluss
Wind

el vinagre	Fisch
el espejo	Rezept
el pescado	Spiegel
la línea	Kiosk
el quiosco	Essig
la receta	Linie

Lösung:

Essig
Spiegel
Fisch
Linie
Kiosk
Rezept

la pieza	Stück
la tiniebla	Baum
el jabalí	Wildschwein
el árbol	Tabakladen
el estanco	Tag
el día	Finsternis

Lösung:

Stück
Finsternis
Wildschwein
Baum
Tabakladen
Tag

la joya	Schwalbe
la golondrina	Stadion
el lago	Aperitif
el estadio	Schmuckstück
el aperitivo	See
el montón	Haufen

Lösung:

el abrigo	Jugend
la duración	Fabrik
la juventud	Mantel
el grado	Dauer
la fábrica	Kuchen
el pastel	Grad

Lösung:

Mantel
Dauer
Jugend
Grad
Fabrik
Kuchen

la sección	Hand
la mano	Fußball
el lujo	Insel
el fútbol	Freundschaft
la amistad	Luxus
la isla	Abteilung

Lösung:

Abteilung
Hand
Luxus
Fußball
Freundschaft
Insel

elegante	richtig
la señorita	Fräulein
correcto/a	genau
exactamente	frisch
el viernes	elegant
fresco	Freitag

Lösung:

elegant
Fräulein
richtig
genau
Freitag
frisch

el horario	Design
el diseño	erklären
reaccionar	Öffnungszeit
la naturalidad	häufig
explicar	Natürlichkeit
frecuentemente	reagieren

Lösung:

Öffnungszeit
Design
reagieren
Natürlichkeit
erklären
häufig

el concurso	Wettbewerb
ayer	danken
matinal	Kurs
agradecer	Bestätigung
la confirmación	gestern
el curso	morgendlich

Lösung:

Wettbewerb
gestern
morgendlich
danken
Bestätigung
Kurs

encantar	Wunsch
el deseo	Saal
repetir	bestätigen
la sala	begeistern
la mantequilla	Butter
confirmar	wiederholen

Lösung:

begeistern
Wunsch
wiederholen
Saal
Butter
Deseo

el estanco	zahlen
el encuentro	ruhig
nublado/a	bewölkt
pagar	Mitglied
tranquilo/a	Begegnung
el miembro	Tabakladen

Lösung:

Tabakladen
Begegnung
bewölkt
zahlen
ruhig
Mitglied

la maleta	nett
agradable	Koffer
volar	wichtig
importante	Beruf
la profesión	fliegen
las instalaciones	Anlagen

Lösung:

el itinerario	Bewegung
la sangría	Durst
impresionar	Rotweinbowle
el movimiento	ziemlich
bastante	beeindrucken
la sed	Route

Lösung:

Route
Rotweinbowle
beeindrucken
Bewegung
ziemlich
Durst

regularmente	Ankunft
contestar	antworten
dar	Verabredung
la cita	Nachbar
la llegada	regelmäßig
el vecino	geben

Lösung:

identificar	Ufer
la orilla	Wald
el bosque	öffnen
el amor	wissen
abrir	identifizieren
saber	Liebe

Lösung:

identifizieren
Ufer
Wald
Liebe
öffnen
wissen

porque	haben
siempre	Einverständnis
la leche	weil
tener	Mal
el acuerdo	immer
la vez	Milch

Lösung: